Die Glüh-Birne

Hubertus Scheurer

Die Glüh-Birne

zur Warnung und Erleuchtung!

PO-ETHIK

Bibliografische Information der Deutschen Nationalbibliothek
Die Deutsche Nationalbibliothek verzeichnet diese Publikation in der Deutschen
Nationalbibliografie; detaillierte bibliografische Daten sind im Internet über
http://dnb.d-nb.de abrufbar.

Hubertus Scheurer – Die Glüh-Birne
© Copyright 2010. Alle Rechte beim Autor.
Satz, Coverdesign, Herstellung und Verlag: Books on Demand GmbH, Norderstedt
ISBN: 978-3-8391-5761-9

Informationen über:
www.Hubertus-Scheurer.de

Inhaltsverzeichnis

Vorwort

Nach meiner Himmelfahrt, über die ich im Buch
„Widerstand den Affenärschen" berichtet habe,
muß ich mein Erdendasein leider noch ein wenig
fortsetzen.

Ich habe mein Leben lang pflichtbewußt gehandelt,
und so werde ich mich der Aufgabe, die mir von
höchster Stelle erteilt wurde, selbstverständlich
nicht entziehen.

Meine Auseinandersetzung mit der Hamburger
Lügenpolizei und den Gerichten, ist nach nunmehr
drei Jahren immer noch nicht abgeschlossen, so daß
ich, unabhängig vom Ausgang, in diesem Buch einen
Schlußstrich ziehen werde.

Wahrscheinlich kann ich wohl nur etwas erreichen,
wenn mein Leben hier, ähnlich wie das von Bruder
Jesus endet und mein Kopf zur Erleuchtung im
Rathaus ausgestellt wird.

Hubertus Scheurer

Zurück bei den Affenärschen

Himmelfahrt zum Weihnachtsfest,
Gott ich danke Dir,
Da Du mich nicht oben läßt,
Bin ich wieder hier.

Werd auf Erden nicht mehr ruhn,
Dessen sei gewiß,
Was in meiner Macht liegt, tun,
Gegen den Beschiss.

Affenärsche würden nur,
Wär´s aus mit dem Sein,
Deshalb mußte ich retour,
Halleluja schrein.

Schweinebarsche, Pflaumensäcke, Falsche Hasen

Ich laß mich von Affenärschen
Hier ganz sicher nicht beherrschen,
Soll ich besser nicht mehr sagen,
Könnt man mich doch sonst verklagen.

Dies gilt es, jetzt zu bedenken,
Ohne jemanden zu kränken,
Will ich anders formulieren,
Es einmal wie folgt probieren :

Ich laß mich von Schweinebarschen,
Hier ganz sicher nicht verarschen;
Schaun wir, was die Staatsgewalten
Von der Formulierung halten.

Oder : Von den Pflaumensäcken
Lasse ich mich nicht verschrecken;
Oder : Von den falschen Hasen
Laß ich mir den Marsch nicht blasen.

Dies, mein Vorschlag hier zur Güte;
Kommt das auch nicht in die Tüte,
Werde ich mir nicht versagen,
Weiteres noch vorzutragen.

Barsche Schweine

Schweinebarsche gibt es nicht;
Nun, wenn Sie es sagen,
Dann kann niemand bei Gericht
Mich deshalb verklagen.

Denn was nicht ist, leuchtet ein,
Sollte man verstehen,
Kann Beleidigung nicht sein,
Muß der Dümmste sehen.

Dafür aber gibt's im Land,
Leider, wie ich meine,
Nehmen wieder überhand,
Viele barsche Schweine.

Dieters Macke

Unser Dieter hat ´ne Macke:
Er läßt zu gern raus die Sau,
Und so haut er auf die Kacke,
Fast in jeder Fernsehshow.

Bei dem Alfred Kack hingegen
Hält er merklich sich bedeckt,
Weil man um des Vorteils wegen,
Eine Sau auch sonstwo leckt.

Hier haut keiner auf die Kacke,
Wenn ein Risiko besteht,
Und der Schuß sodann, au Backe,
Vielleicht los nach hinten geht.

Der imposante Alfred

König Alfred lag am Strand
Bis sein Hintern hat gebrannt,
Und er außer Rand und Band
Ist im Kreis herumgerannt.

Hanswurst, der daneben stand,
Hat den Grund alsbald erkannt,
Denn nach kurzer Suche fand
Er bei Alfred im Po Sand.

Menschen schauten wie gebannt,
Hanswurst rief laut, im Po Sand;
Dieses Wort, das so entstand,
Wurde allgemein bekannt.

Ist was eindrucksvoll im Land,
Nennt man es heut imposant;
Daß des Königs Po gebrannt,
Verlief somit nicht im Sand.

König Alfred und die Zeitungswelt

Wenn sie den König Alfred preist
Als Mann, beseelt vom heilgen Geist,[1]
Fragt sich, warum die Zeitung lesen,
Die sich versteigt zu solchen Thesen.

Es trägt in sich den Kaufmannsgeist
Nur, wer als ehrbar sich erweist;
Beim König seh ich die Symbiose
Aus Kaufmannsgier und toter Hose.

Weshalb ? Das hab ich dargestellt;[2]
Schön wär es, wenn die Zeitungswelt
Würd sich damit einmal befassen,
Verherrlichungen unterlassen.

1) „DIE WELT" bezeichnete ihn als Symbiose
aus Kaufmannsgeist und Heiligem Geist.
2) Sh.: „Erlebnisse im Hotel mit König Alfred
und seinem Hanswurst" Bd. I - X

Würmer im Türmer

Bei dem Führer war's der Stürmer,[1]
Der im Land den Sturm entfachte;
Weggeblasen wurd der Türmer,[2]
Der mit hellen Augen wachte.

Sieg Heil, schrie man allerorten;
Ein Wort, das die Runde machte,
Öffnete des Unheils Pforten
Bis alles zusammenkrachte.

Wo sind heute unsre Türmer?
Heißt es doch, es wacht die Presse;
Machen breit sich dort die Würmer,
Falln wir wieder auf die Fresse.

1.) NSDAP – Zeitung
2.) „Lynkeus der Türmer" Gedicht von Goethe

Der Darmverschluß

König Alfred schlug Alarm,
Fest verschlossen war sein Darm;
So was nennt man Darmverschluß,
Wenn nichts rauskommt, wenn man muß.

Hanswurst, der kam angerannt,
Hat gleich die Gefahr erkannt
Und begann, mit einem Haken,
In dem Hintern rumzustaken.

Da sah man, was Hanswurst kann,
Schon hing etwas Schweres dran;
Hanswurst aber zog und zog,
Bis sich dieser Haken bog.

Dann kam eine Wurst heraus,
Sprach sich rum im ganzen Haus;
König Alfred war geplättet,
Hanswurst hatte ihn gerettet.

Jedes Mittel Recht

König Alfred sprach zum Furz :[1]
Hörn Sie zu, ich faß es kurz;
Sie lagen mal wieder schief,
Der Versschreiber ist aktiv.

Ja, selbst auf der Urlaubsinsel
Nennt man mich den Einfaltspinsel, [2]
So daß man schon Witze macht,
Über König Alfred lacht.

Es ist höchste Eisenbahn,
Daß wir ziehn ihm diesen Zahn,
Da die Kreativität
Mir auf meine Nerven geht;

Und zum Schluß bleib ich sonst nur
Im Gespräch als Witzfigur;
Seht zu, daß Ihr ihn zerbrecht,
Jedes Mittel ist mir Recht.

1) Sh.: „Vom Schnurz zum Furz" in
    „Erlebnisse im Hotel" Bd. IV, Seite 83
2) Sh.: „Auf der Insel" in
    „Erlebnisse im Hotel" Bd. X, Seite 16

Gespräche mit dem Herrn

Wir verstanden uns auf's beste
Beim Besuch zum Weihnachtsfeste;*
Die Gespräche, die wir führten,
Wie sie mich doch tief berührten.

Dann erwähnte ich am Rande,
Alfred K., aus deutschem Lande;
Gott sprach: Es ist angemessen,
Daß Du den wirst schnell vergessen;

Doch Du kannst ihn von mir grüßen,
Er wird seine Sünden büßen,
Sollte jetzt schon, statt zu beten,
Selbst sich in den Hintern treten.

*Sh.: „Heiligabendhimmelfahrt" in
Widerstand den Affenärschen, S. 69

Freiheit in den Sternen

Es wurd von den Rechtschaoten
Wieder mal ein Buch verboten;
So geht, in bewährter Weise,
Unsre Freiheit auf die Reise.

Es beginnt mit einem Buch
Bis sie unterm Leichentuch
Ganz verreckt, sich nicht mehr regt
Und man sie zu Grabe trägt.

Darin nun lag mein Bestreben,
Dies nicht noch mal zu erleben;
Ob die Bürger daraus lernen,
Steht derweil noch in den Sternen.

Ein böses Ende

Nein, sie haben kein Gespür
Im Senat, für ein Geschwür,
Das sich immer mehr verdickt,
Bis die Stadt daran erstickt.

Davon will man zwar nichts wissen,
Ist im Wegsehn sehr beflissen;
So vermocht ich mit Gedichten
Dort auch gar nichts auszurichten.

Denn es ist nun mal das Geld,
Darum dreht sich ihre Welt,
Und so wurd des Geldes Knecht
Hierzulande auch das Recht.

Jetzt frag ich die Hanseaten,
Wo seid ihr nur hingeraten?
Es wird höchste Zeit zur Wende,
Mir schwant sonst ein böses Ende.

Große Klappe

Es war ein kurzer Freiheitsmarsch[*]
Mit meinem Advokaten;
Im wahrsten Sinne für den Arsch,
Da war ich schlecht beraten.

Wie er marschierte, machte schlapp,
Ist nachfolgend zu lesen;
Nichts weiter als die große Klapp'
Und das ist es gewesen.

[*]Sh.: „Bürger wacht auf !" S. 102
Der Freiheitsmarsch

Der alte Hase

Ich dacht', der alte Hase,
Versierter Rechtsanwalt,
Daß er den Marsch Euch blase,
Doch war er wohl zu alt.

Er hat einmal geblasen,
Euch damit aufgeweckt;
Nun ruht er auf dem Rasen
Und hält sich dort bedeckt.

Trotzdem möcht ich ihm danken,
Es war halt ein Versuch;
Er stieß an seine Schranken,
Und ich schreib noch ein Buch.

Der abgetretene Geld-Fischer

Etwa ein Dutzend Titel
Mit Forderungen, teils recht groß;
Ich schloß es, das Kapitel,
Und bin sie nun endgültig los.

Hab sie ihm abgetreten,
Dem Anwalt, der mich noch vertritt;
Dacht', wenn sie gut ihm täten,
Dann legt er zu wohl einen Schritt,

In der mir eignen Sache;
Doch da lag ich total verkehrt,
Daß er schnell Kasse mache,
War für ihn nun von größ'rem Wert.

Mein Fall, der wurd vergessen,
Zumindest doch hintangestellt;
Mit Fleiß fischt er statt dessen,
Nach dem ihm abgetretnen Geld.

Aufgeblasen

Das war es nun schon, also doch,
Auch er blies aus dem letzten Loch;
Der Hase auf dem Rasen
Hat sich nur aufgeblasen.

Dabei wollt' er den Voranwalt,
Mich überläuft es heiß und kalt,
Noch obendrein verklagen,
Was soll ich dazu sagen?

Vielleicht ist hier auch nur gefragt,
Daß ein Geschäft das andre jagt;
Vergiß ihn und such weiter
Nach einem neuen Streiter.

Am besten einen mit Elan,
Der noch am Anfang seiner Bahn,
Sich seinen guten Glauben,
Daß Recht siegt, ließ nicht rauben.

Der neue Streiter

Der alte mag im Trüben fischen;
Wir haben ihn vergessen
Und suchen einen jungen, frischen
Anwalt des Rechts statt dessen.

Der wirklich was zustande bringt;
Es würd dem Staat nicht schaden,
Wenn er den Unrechtssumpf durchdringt,
Die rechtlichen Blockaden.

Zum Abschluß

Noch ist der Anwalt nicht gefunden,
Der treulich wahrem Recht verbunden,
Doch die gerichtliche Instanz
Hält sich zurück, zog ein den Schwanz.

Berufung? Nun, ich kann's verstehen,
Sie müßt die ganze Wahrheit sehen,
Käm schwerlich auch am Lügenbrei
Der werten Polizei vorbei,

Der dann, bei den Gerichtsgenossen,
In deren Urteil eingeflossen,
Und so dem Staate, mit Bedacht,
Ein schönes Sümmchen eingebracht.

Dies wiederum zurückzugeben,
Muß seinen Dienern widerstreben,
Denn schließlich ist der Schuldenberg
Ja ein gemeinschaftliches Werk.

Um den ein wenig abzubauen,
Kann man nicht nach dem Recht nur schauen;
Da läßt man, fällt doch sonst nichts ein,
Auch schon mal fünfe grade sein.

Der Bürger sollte schön bescheiden,
Zeigt mein Fall, die Gerichte meiden;
Auch, wenn der Richter nicht recht tickt,
Ist angeraten, daß man nickt.

Das tat ich nicht, mußt mir zum Schaden,
Den Fall drum jahrelang ausbaden;
Doch eins sollt man nicht übersehn,
Ich blieb zumindest aufrecht stehn,

Und schreib, so endet die Geschichte,
Zum Abschluß noch ein paar Gedichte;
Sehr unwahrscheinlich, doch vielleicht,
Wird damit irgendwas erreicht.

Wenn nicht, mir ist es einerlei,
Aus meiner Sicht bleib ich dabei:
Gerichtsbarkeit und Polizei,
Sie bot mir eine Schweinerei,
Ja, eine Schweinerei hoch drei!

Der Alte macht weiter

Sie brauchen keinen neuen Streiter,
Ihr alter Anwalt, der macht weiter;
Entnehm ich nunmehr dem Bericht
Vom Ober-ver-waltungsgericht.

Na dann, ich laß mich überraschen,
Er füllte sich wohl schon die Taschen,
So daß mein Fall ein Zubrot bringt,
Wenngleich die Sache mächtig stinkt.

Er war nicht da als ich ihn brauchte,
Seitdem er damals untertauchte,
Vor mehr als einem halben Jahr,
Für mich ergibt sich daraus klar :

Ich werde ihn zum Teufel jagen,
Sollt er der Wahrheit sich versagen,
Nur weiter nach dem Gelde schieln
Und nicht mit offnen Karten spieln.

Das war's !

Daß ich ihn könnt zum Teufel jagen,
Wollt ihm ganz sicher nicht behagen;
So hat der Alte sich auch jetzt
Mal wieder schleunigst abgesetzt.

Zumindest gab er mir kein Zeichen,
Ist nach wie vor nicht zu erreichen;
Ob das wohl dem Gericht gefällt ?
Ich frag mich, was es davon hält.

Doch rein rhetorisch ist die Frage,
Denn ob es zuläßt meine Klage,
Ist nunmehr nach fast einem Jahr
Bedenklich, immer noch nicht klar.

Mein „Abschluß"* mag jedoch genügen,
Da brauch ich nichts hinzuzufügen;
Gleich, wie sich äußert das Gericht,
Es ändert meine Meinung nicht.

*Sh.: „Zum Abschluß"

Zweck heiligt Mittel

Wenn wir die Richter recht verstehn,
Läßt sich das Grundgesetz umgehn;
Die Unantastbarkeit der Würde,
Erweist sie sich als eine Hürde,

Besinnt man sich der alten List,
Daß jedes Mittel heilig ist,
Läßt sich der Zweck damit erreichen,
Kann man den Paragraphen streichen.

Das Heil, leuchtet den Menschen ein,
Muß ihnen höchste Richtschnur sein;
So können Richter selbst ermessen,
Ob Grundrechte sind zu vergessen.

Die verschmutzte Scheibe

Den Richtern wurd die Chance gegeben,
Ein schändlich Urteil aufzuheben;
Doch man hat Recht, daß es kaum nutzt,
Wird eine Scheibe nur geputzt,
Bleibt dann der Rest vom Haus verschmutzt.

Andererseits stimmt diese Sicht :
Dringt ein durch eine Scheibe Licht,
Stirbt wenigstens die Hoffnung nicht,
Daß Recht nicht ganz und gar zerbricht.

Die Papst-CD

Geld bringt Kassen zum Erklingen,*
Deshalb hört den Papst man singen,
Auf der CD, welche man,
Wenn man Geld hat, kaufen kann.

Denkt er an den Michael Jackson,
Gibt es für ihn kein Relaxen;
Es wär doch gelacht, wenn er,
Nicht auch so erfolgreich wär.

Um in dessen Haut zu schlüpfen,
Würd im Kreis er sogar hüpfen,
Und ein Traum würd für ihn wahr:
Benedikt ein Sangesstar.

*Sh.: Dominikanermönch Johann Tetzel

Liebesgrün

Ole, der hat seine Liebe
Für die Grünen jetzt entdeckt,
Damit an der Macht er bliebe,
Welch ein Schelm doch in ihm steckt.

Mög die Liebe sich entfalten,
So daß sie ihm Freude bringt,
Wenn sie ihm die Stange halten,
Denk ich schon, daß dies gelingt.

Soldat der Bundeswehr*

Ein Kreuz an der Mauer zum anderen Staat,
Ein Mensch wurde dort erschossen;
Er schrie verzweifelt im Stacheldraht,
Sein Blut ist ganz sinnlos geflossen.

Ich schaue gen Osten und mir wird kalt,
So will man die Welt neu gestalten;
Nur die eigene Kraft gibt Schutz vor Gewalt,
Zum Soldaten müssen wir halten.

Soldat, Soldat wir danken Dir,
Du schützt das Heimatland,
Für Recht und für die Freiheit hier
Bist Du uns der Garant.

Soldat, Soldat der Bundeswehr
Erfüllst treu Deine Pflicht,
Fällt Dir der Dienst auch noch so schwer,
Vergeblich ist er nicht.

Der freie Wille im Sklavenjoch
Hat sich damals in Ungarn erhoben,
Hielt die Fahne der Freiheit im Sterben noch
Im Todeskampfe nach oben.

So auch in Prag und in Ostberlin
Mußten Menschen den Panzern weichen,
Und die Panzer würden Paris und Wien,
Wenn sie könnten, gewaltsam erreichen.

Afghanistan wurde überrannt,
Die Heimat Millionen genommen;
Sie durften noch froh sein, aus eigenem Land,
Mit dem Leben davonzukommen.

Die Dörfer zerstört und niedergemäht
Die Männer, auch Kinder und Frauen,
Wer wollte da, wenn es um unser Land geht,
Der roten Sichel vertrauen?

Soldat, Soldat wir danken Dir,
Du schützt das Heimatland,
Für Recht und für die Freiheit hier
Bist Du uns der Garant.

Soldat, Soldat der Bundeswehr
Erfüllst treu Deine Pflicht,
Fällt Dir der Dienst auch noch so schwer,
Vergeblich ist er nicht.

*Gesungen von Gerd Knesel
auf der LP „Schattensaiten"

Verstörte Soldaten

Den Widerruf hab ich geschrieben,*
Die Resonanz ist ausgeblieben;
Es kam auch nichts vom Militär,
Doch wundern kann mich das nicht mehr.

Ein Lied schrieb ich vor dreißig Jahren,
Wollt darin auch mit Lob nicht sparen;
Es heißt „Soldat der Bundeswehr",
Ich gab es einem Mann vom Heer.

Ein Oberstleutnant ist's gewesen;
Er sollt es vorspieln oder lesen,
Damit Soldaten motiviern,
Sogleich begann er sich zu ziern.

Sprach: Ich kann's ihnen nicht vortragen,
Muß meinen Kommandeur erst fragen;
Das war's! Ich hab nichts mehr gehört,
Anscheinend war der auch verstört,
Beziehungsweise unbeordert,
In diesem Falle überfordert.

*"Gelöbnis-Widerruf" in „Widerstand
den Affenärschen" Seite 87

38

Kasinofest der Bundeswehr

Damals, zum Kasino-Feste,
Kamen die geladnen Gäste,
Und die Militärkapelle
War beordert und zur Stelle.

Von den Militärstrategen
War der Oberst hier zugegen,
Nebst dem Oberstleutenante,
Der stets hinterher ihm rannte.

Da stand vor dem eine Dame,
Unbekannt war ihm ihr Name,
Sprach : Wie wär's mit einem Tanze
Hier im Saal beim Lichterglanze.

Ich muß erst den Oberst fragen,
Schließlich hat der hier das Sagen,
Und der fragt, sein Sie nicht böse,
Jedes Mal die Kommandeuse.

Darauf sie : Der Tanz kann warten,
Sind wir hier im Kindergarten ?
Feiern Sie nur im Kasino,
Ich geh lieber gleich ins Kino.

Zur BDR*

Ein Verdienstkreuz für Herrn Schleyer,
Präsident der Arbeitgeber;
Biermann spielt' ihm auf der Leier
Ein Lied frei weg von der Leber.

Sang vom fetten Bürgerschwein,
Kam dabei so recht in Rage,
Schleyer reizt' ihn ungemein
Mit der brutalen Visage.

Ein Verdientskreuz nun für Biermann,
Schleyer ist schon lange tot,
Durch das Kreuz und den Verdienst dran,
Fahrn sie jetzt im gleichen Boot.

Bundesrepublik gewandelt,
Bald erkennt man sie nicht mehr;
Wird sie weiterhin verschandelt,
Entsteht eine BDR.

*(Von BRD und DDR zur BDR)
Sh.: "Nur noch für Dich" Band I, S. 50
Verdienstkreuz für Biermann

Verdünnte Jauche

Er kam vom Regen in die Jauche,
Ist einst von Ost nach West marschiert,
Wo ihn, nach gutem alten Brauche,
Der Jauche-Orden heute ziert.

Nun wurd die Jauche mit dem Regen,
Ja zwischenzeitlich doch vereint;
Und das ist in der Tat ein Segen,
Was sicher auch Herr Biermann meint.

Denn fällt der Regen in die Jauch,
Wird sie verdünnt und dies bedingt,
Daß wenigstens um einen Hauch,
Sie nicht mehr ganz so übel stinkt.

Orden für Baader-Meinhof

Einst gereichte sie zur Schande,
Deutschlands Baader-Meinhof-Bande;
Schrieb auf ihre Fahnen Mord,
Grausam hielt sie dann auch Wort.

Doch schon damals gab's für sie
Hierzulande Sympathie,
Denn ein Umsturz war vermehrt,
Bei den Linken sehr begehrt.*

Warn so schlecht wohl nicht beraten,
Spricht man erst von Heldentaten,
Wird sie reif dafür die Zeit,
Mir scheint, es ist bald soweit.

Biermann hat schon einen Orden,
Wann gibt's posthum den für's Morden?
Auf dem Weg ist er, der Geist,
Der in diese Richtung weist.

*Zum besseren Verständnis:
„Der Usus bei den Jusos" auf derDoppel-CD
„Einem Aufrechten zum Gedenken"mit 28 Liedern,
erhätlich bei D. Knesel, 21502 Geesthacht,
Hans-Mayer-Siedlung 32,
Tel./Fax: 04152 78866

Hilflose Amsel, hilflose Juden

Elstern nahmen überhand,
Reduzierten den Bestand
Kleiner Vögel, die am Morgen
Gleich für ihren Nachwuchs sorgen.

Eine Amsel hört' man schrein,
Daß es ging durch Mark und Bein,
Als die Elster eins der Jungen
Hat zerhackt und dann verschlungen.

Schießen mit dem Luftgewehr,
Bloß nicht, weil es strafbar wär;
Einfach wegschaun, das ist besser,
Keiner liefert dich ans Messer,

Und man weiß, der Denunziant
Ist noch stets präsent im Land;
Viel hat sich da nicht gewandelt,
Doch wer hier aus Angst nicht handelt,

Hätt, wenn der auch sonst verreckt,
Einen Juden nicht versteckt;
Konnt der Staat dies als Verbrechen
Durch Erhängen sofort rächen.

Gut, wenn man das nicht vergißt,
Eignes Tun dann so bemißt,
Daß wir selbstbewußt beizeiten
Mutig durch das Leben schreiten;

Fern vom Untertanengeist,
Der die falsche Richtung weist,
Hin zu den verruchten Türen,
Die zur Tyrannei uns führen.

Der Staat als Hehler

Seht nur, geht's um Hehlerei,
Ist die Staatsmacht mit dabei;
Eigentlich schon kriminell,
Scheint mir, ihr Geschäftsmodell.

Zahlt für Daten, die gestohlen,
An den Dieb ganz unverhohlen
Geld; doch sie kann sicher sein,
Es kommt vielfach wieder rein.

Was uns Stasispitzel kosten,*
Sie behielten ihre Posten,
Bleibt dagegen streng geheim,
Ich mach draus mir meinen Reim :

Weil man quer durch die Parteien
Fände sie in deren Reihen,
Wird vertuscht; was altbewährt,
Ist auch heute nicht verkehrt.

Sicher sparten wir Millionen
Bei der Kürzung von Pensionen,
Und so manches hohe Tier
Sollt bekommen nur Hartz Vier.

Zugleich könnt sich das Vertrauen
In den Staat erneut aufbauen,
Und die Geldflucht in die Schweiz
Würd verlieren ihren Reiz.

Doch verkommt der Staat zum Hehler,
Überzeugt damit die Wähler,
Sucht, wer's kann, das ist mal so,
Sein Heil lieber anderswo.

*Sh.: „Die Stasispitzel" in
Mir reicht's-Deutschland ade, S. 85

Nicht vom Tisch

Naziland, weltbekannt;
Hat vergast und hat verbrannt
Untermenschen, wie man fand,
Bleibt für ewig eine Schand.

Stasiland, Todeswand;
Voll mit Waffen bis zum Rand,
Wollt den Westen niedermähn
Und dort über Leichen gehn.

Bundesrepublik, das Land,
Das vereinigt, neu entstand,
Zeigt: Von beiden das Gemisch
Ist hier längst noch nicht vom Tisch.

Pforten zum Unrecht

Schweigen, schweigen; schweigen, schweigen;
Nur nicht selber Flagge zeigen,
War den Bürgern stets zu eigen,
Tief den Kopf nach unten neigen.

Paragraphen, Paragraphen;
Darauf läßt es sich gut schlafen,
Ohne selbst zu denken, strafen,
In dem Paragraphenhafen.

So war's auch zu Adolf's Zeiten;
Dafür das Bewußtsein weiten,
Daß die Rechte nicht entgleiten,
Macht es lobenswert zu streiten.

Heut preist man mit schönen Worten
Diesen Rechtsstaat allerorten,
Doch weit offen stehn die Pforten
Für Schandrichter und Konsorten.

Tief gesunken

Oh, wie tief sind wir gesunken,
Weil im Lande selbst Halunken,
Das gepriesne Recht vertreten,
Kann man wahrlich nur noch beten,

Daß sich solche Staatsstrategen
Halten fern von unsren Wegen
Und die Freiheit, die wir fanden,
Kommt nicht wieder ganz abhanden.

Amtsenthebung

Die Justiz in diesem Lande,
Ich sag, wahrlich eine Schande;
Adolf-Nazi, er läßt grüßen,
Man tritt hier das Recht mit Füßen.

Höchste Zeit, dem Recht zu Ehren,
Daß die Bürger sich erwehren;
Richter ihres Amt's entheben,
Wenn sie dafür Anlaß geben.

Hohlkopfrüben

Man sollt mit den Hohlkopfrüben
Gründlich Menschenumgang üben,
Bevor, nach bestand'nem Test,
Man sie auf die Straße läßt;

Wo sie solln dem Bürger nützen,
Ihn nach besten Kräften schützen;
Sich der Kopf zum Vorteil wendet,
Positiv Signale sendet.

Alles zerfällt

Es arbeitet wieder hinter der Stirn,
In dieser Nacht, das kleine Gehirn;
Es will nicht rasten, will noch nicht ruhn,
Sagt immer wieder, es gibt viel zu tun.

Vielleicht ist es, wenn die Sonne aufgeht,
Am nächsten Morgen dafür schon zu spät;
Wer weiß, was alles passieren kann,
Ein Hirnschlag, schon bist Du ein toter Mann.

Ein Attentat, eine Bombe im Haus,
Ein Knall, es brennt, und alles ist aus;
Sirenen heulen, der Spuk ist vorbei,
Da freut sich in dem Fall auch die Polizei.

So ziehn die Gedanken weiter dahin
Und suchen vergeblich nach einem Sinn;
Sie spüren, verläßlich in dieser Welt,
Ist letztlich nur, daß alles zerfällt.

Ich bin so frei

Kommt mir nur, ihr Schweinehunde !
Ich werd ohne Bangen,
Wollt ihr richten mich zugrunde,
Mutig euch empfangen.

Schickt sie mir ins Haus, die Büttel;
Ich laß sie nicht ein,
Mögen sie, wenn ich sie schüttel,
Auch um Hilfe schrein.

Wolln sie ins Gericht mich zerren,
Mir ist's einerlei;
Ich werd mich dagegen sperren,
Ja, ich bin so frei.

Fehlgeleitete Rechtskultur

Von der Leidkultur verschandelt,*
Wie der letzte Dreck behandelt,
So zeigt unser deutscher Staat
Mir sein rechtliches Format.

Da kann ich nur gratulieren;
Rechtsorgane, sie marschieren,
Stolz und selbstherrlich zumeist,
Ohne Läuterung im Geist.

Wenn sich derart fehlgeleitet
Unsre Rechtskultur ausbreitet,
Hätten wir es weit gebracht;
Welch ein Alptraum, gute Nacht !

*Sh.: „Die Leidkultur" und „Die Leitkultur"
in: Mir reicht's! Deutschland ade, S. 82 u. 83

Mein Freiheitslied

Wenn man das Recht mit Füßen tritt,
Marschier ich nicht im Gleichschritt mit;
Dann tret heraus ich aus dem Glied
Und stimme an mein Freiheitslied :

Ich laß mich von Affenärschen,
Wie auch immer, nicht beherrschen;
Biete ihnen Widerstand,
Wie ich einst gelobt dem Land.

Schandurteile mag man sprechen,
Daran werd ich nicht zerbrechen,
Steh beharrlich meinen Mann,
Solang ich noch atmen kann.

Einen Bogen ums Gericht

Seh ich das Gerichtsgebäude,
Dann vergeht mir jede Freude;
Wurd gerichtet, hier einst scharf,
Für Großdeutschland nach Bedarf.

Hab mit der Nachfolge-Brut
Nazi-Deutschlands nichts am Hut,
Wenn ihr das Bewußtsein fehlt,
Für das, was beim Richten zählt :

Jedes Menschen Würde achten,
In der Wahrheit Licht betrachten
Zuvor, was in Frage steht,
Eh' ein Urteilsspruch ergeht.

Dies wurd selten mir zuteil,
Deshalb mache ich derweil,
Fühl mich vom Gericht betrogen,
Ums Gebäude einen Bogen.

Er wachte auf

Auch das gab es im Zeitverlauf,
Ein Bürger las und wachte auf;
Sprach zu mir, es ist nicht zu glauben,
Was Obrigkeiten sich erlauben,

Das ist doch wirklich ein Skandal;
Nein, sagte ich, es ist normal
In der verlognen Kumpanei
Der Richter mit der Polizei.

Und weiter sprach ich unverhohlen,
Von denen fühl ich mich bestohlen,
Betrogen, obendrein entehrt;
Ein Staat, der ist nicht mehr viel wert,

Wenn er, wie hier, im Geist umnachtet,
Des Menschen Würde nicht mehr achtet;
Wo man die Rechte tritt mit Füßen,
Läßt Adolf-Nazi herzlich grüßen.

Die Birnen

Den Kopf, einschließlich dem Gehirne,
Beim Menschen nennt man ihn auch Birne;
Fehlt ihr die Denkkraft im Gehirne,
Heißt es, er hat nichts in der Birne.

Nimmt zu die Anzahl hohler Birnen,
Ist das, als ob bei den Gestirnen,
Die Sterne ihren Glanz verlieren,
Verglühn, den Himmel nicht mehr zieren.

Deshalb sollt man die Birnen pflegen,
So, daß sich die Gehirne regen,
Die Birnen, wie die Sternenquellen,
Den Erdball zieren, ihn erhellen.

Die Glüh-Birne

Hubertus an das Kreuz zu schlagen,
Sollten wir uns wohl versagen,
Weil das heut nicht mehr üblich ist,
Bleibt vorbehalten Jesus Christ.

Man könnte ihm den Kopf abschneiden,
Er würde dann zwar kürzer leiden,
Doch zeigt die kurze Leidensfrist,
Daß man human geworden ist.

Der Kopf der wäre zu verdrahten
Mit dem Elektroautomaten;
Im Rathaus dann zur Schau zu stelln,
Soll den Betrachter gleich erhelln;

Denn dieser Kopf, mit dem Gehirne,
Würd leuchten dort als die Glüh-Birne,
Erleuchtung bringen nicht zuletzt,
Dem, der sich uns sonst widersetzt.

Noch sind das nur Gedankenspiele,
Und davon gibt es wieder viele;
Doch die Geschichte hat gezeigt,
Daß man zu solchen Taten neigt.

Verdienstvolle Birnen

Mein toter Körper wird verbrannt,
Ich gab dies allgemein bekannt; [1]
Die Asche steht zur Sicherheit
Dem Bürgermeister dann bereit.

Nur für den Kopf gibt es sie nicht,
Strahlt er im Rathaus aus sein Licht;
Doch ist er, wenn er dort erglüht,
Um einen Ausgleich stets bemüht.

Man stell den Spendenteller bei,
Zum Wohl der christlichen Partei,
Die aus der Birne, wie man sieht,
Mal wieder einen Nutzen zieht.

Ich denk an die vom Kanzler Kohl, [2]
Sie wurde gern geschmäht als hohl;
Von seinen Gegnern oft verlacht
Und hat sich doch verdient gemacht.

1.) Sh.: „Bekanntmachung" in
„Erlebnisse im Hotel" Bd. X, Seite 80
2.) Leserbrief vom 14.3.2000 an eine
Hamburger Zeitung : „So mancher wird sich
nach der Birne zurücksehnen, wenn er merkt,
welche Pflaumen er sich dafür eingehandelt hat."

Die leere Birne

Kein Wunder, daß das Recht verflacht,
Wenn man den Schnurz zum Anwalt macht;*
Er konnt zwar Paragraphen büffeln,
Doch plötzlich fing er an zu schnüffeln

An meinen Büchern, Band für Band,
Hat dabei sich sein Hirn verbrannt;
Auf diese Weise, ohne Hirne,
Verblieb ihm nur die leere Birne;

Und damit lebt er gar nicht schlecht,
Glaubt nun, er hätte immer recht;
Sieht sich als Anwalt ohnegleichen,
Dem niemand kann das Wasser reichen.

*Sh.: „Nur noch für Dich" Bd. I, Seite 39,
„Der Brief von Schnurz"

Kaum zu glauben

Es ist recht so, daß die Tauben
Gurren, nachts den Schlaf uns rauben;
Auf den Dächern solln sie bleiben,
Niemand darf sie dort vertreiben.

So genießen sie hier echte,
Schützenswerte Heimatrechte;
Dafür, und daß sie gut nisten,
Brauchen wir die Polizisten,

Die, mit ihren tauben Köpfen,
Allzu gern die Bürger schröpfen;
Taube Köpfe und die Tauben,
Paßt vortrefflich, kaum zu glauben !

Das Glied ist ab

Frau Regierungsoberrat,*
Denunziant im tauben Staat,
War mal wieder auf der Hut;
Heute kochte sie vor Wut,

Als sie ihren Nachbarn sah,
In dem Garten, was geschah?
Hat der doch mit seinem Glied
Eine Taube angepiet.

Das war wirklich Quälerei,
Etwas für die Polizei;
Die kam nach dem Hilfeschrei
Der Frau Rat sofort vorbei.

Brachte den Fall zu Papier,
Schimpfte, das hier melden wir
Umgehend dem Staatsanwalt,
Weiteres erfahrn Sie bald.

Kurz darauf begann die Schau
Bei Gericht mit einer Frau;
Die beschied im Urteil knapp,
Rigoros, das Glied muß ab.

Das steht nun bei ihr zu Haus,
Neben einem Blumenstrauß
Mit Schreiben der Frau Oberrat
Zum Dank für diese gute Tat.

*Sh.: „Frau Regierungsoberrat" in
„Widerstand den Affenärschen" S. 53

Schlechte Karten

Ich hab mir einen Kopf gemacht
Und einen Ausgleich fein erdacht:
Für die Birne wird man spenden,
Sicher gern mit warmen Händen. *

Doch für´s Glied fällt mir nichts ein,
Ole könnt untröstlich sein,
Wenn er hört, daß diese Gabe
Ich nun nicht mehr für ihn habe.

Vielleicht holt das gute Stück,
Er als Erbteil sich zurück;
Wär bei ihm gut aufgehoben,
Mag die Staatsanwältin toben;

Sie hat Karten, wirklich schlecht,
Dieses Mal bestimmt zu Recht,
Denn ich fühl mich auch betrogen,
Weil mein Glied mir wurd entzogen.

* Sh.: „Verdienstvolle Birnen"

Ohne Braut kein Glied

Man weiß es, des Soldaten Braut,
Ist nun mal sein Gewehr;
Das hat die Polizei geklaut,
Nun hab ich keine mehr.

Doch ohne Braut brauch ich kein Glied,
Sagt die Frau Richterin,
Und ich geb zu, wie sie das sieht,
Macht dies auch durchaus Sinn.

Sie kann erbringen den Beweis,
Auch ohne Glied im Test,
Gibt uns in einer Sitzung preis,
Wie sie ihr Wasser läßt.

Doch den Beweis, ich brauch ihn nicht,
Mir ist auch so schon schlecht;
Da üb ich wirklich gern Verzicht,
Bei dem, was sie nennt Recht.

Glied und Ehre

Das Glied ist ab, und das regt auf
Die Menschen in der Tat zuhauf;
Schön wär es, wenn dies, geht's um Ehre,
Beim Ehrabschneider auch so wäre.

Doch leider hat das Ehrgefühl,
Bei uns, kaum jemand im Kalkül;
Das Gliedgefühl, es scheint dagegen
Die ganze Menschheit zu bewegen.

So baut man sogar Häuser nur
Zur Pflege dieser Gliedkultur;
Die Ehre stellt man ab im Keller,
Sie pflegen, wäre kultureller.

Mantel nach dem Wind kehren

Den Mantel nach dem Winde kehren,
Will mir nicht behagen,
Statt mich gegen Zwang zu wehren,
Ja und amen sagen.

Für die Freiheit wolln wir kämpfen,
Keine Untertanen sein;
Mächtigen den Hochmut dämpfen,
Ins Gesicht die Wahrheit schrein.

Uns von niemand beugen lassen,
Trotzen staatlicher Gewalt,
Wenn sie als Justiz der Klassen
Macht nicht vor dem Unrecht halt.

Nach dem Mund reden

Ich rede niemand nach dem Mund,
Denn das halt ich für ungesund,
Bei jedem, der den Bildungsgrad
Für eine eigne Meinung hat.

Ein Blatt nehm er nicht vor den Mund,
Er gebe seine Ansicht kund,
Weil dadurch um so eher man
Zum Kern der Sache kommen kann.

Kampf dem Unrecht !

Solln sie mich nur weiter reizen,
Polizei und Rechtsstrategen;
Ich werd nicht mit Versen geizen,
Ihre Willkür offenlegen.

Mögen sie sich noch so spreizen,
Dabei ihre Macht rauskehren,
Ich werd ihnen schon einheizen,
Weiß noch immer mich zu wehren.

Ich laß mich nicht unterkriegen,
Werde ihren Hochmut dämpfen;
Mag das Recht auch unterliegen,
Unrecht werde ich bekämpfen !

Der eigne Sinn

Ein eigner Sinn ist mir zu eigen,
Man nennt das Eigensinn;
Gibt mir die Möglichkeit zu zeigen,
Was für ein Mensch ich bin.

Die Richtschnur ist mir mein Gewissen
Als oberste Instanz;
Ich folg Gesetzen nicht beflissen
Und hinterfrag sie ganz.

Sie können Menschenrecht verletzen
Und dienen einer Zunft,
Die sich damit kann widersetzen
Der Wahrheit und Vernunft.

Das Ding an sich

Das Ding an sich, ist nicht die Nille,
Wie mancher meint; es ist der Wille;
Doch wird die Nille richtig groß,
Zeigt mancher sich gleich willenlos.

Er muß dann seinen Drang erst stillen,
Ist der Natur allein zu Willen;
Sein Wille schwindet, wird ganz klein,
Und kann das Ding an sich nicht sein.

Die Welt als Wille und Vorstellung*

Das kleine Stück Hirn,
Gleich hinter der Stirn,
Ist Schlüssel zum Ich
Durch das Ding an sich,

Wie der Wille heißt;
Vom Hirne gespeist,
Wird von ihm erstellt
Die Vorstellungswelt.

Wenn das Hirn zerfällt,
Stirbt damit die Welt;
Drum schütze das Hirn
Vorm Schlag an die Stirn.

*Sh.: Arthur Schopenhauer

Vom Ding an sich zum Widerwillen

Mein Ding an sich, das hat es schwer,
Derweil genug, es mag nicht mehr;
Verblieben ist ein Widerwille,
In sich gekehrt, sucht er die Stille.

Der Wille hat die Außenwelt
Sich einst ganz anders vorgestellt;
Zumindest hat er mal gewollt,
Daß manches sich verbessern sollt.

Gelang ihm dies im eignen Ich,
Bewährte sich das Ding an sich;
Mann sollt es dann, ums kurz zu fassen,
In der verdienten Ruhe lassen.

Commerz-Banker

Commerzbank-Banker fordern mehr,
Stand in der Zeitung*, bitte sehr;
Verlustgeschäfte schon vergessen?
Ich war Betrügern aufgesessen,

Scheint mir; verlor dabei viel Geld,
Doch das zählt nicht in ihrer Welt.
Milliarden haben sie vernichtet
Und fühln allein sich selbst verpflichtet.

Fünfhunderttausend nur im Jahr,
Euro, zu wenig, das ist klar,
Als Festgehalt für einen Banker
Im Vorstand, diesem klugen Lenker.

Gut, daß ich nichts zu sagen hab,
Sonst brächte ich ihn schon auf Trab;
Er müßte für die Machenschaften,
In seiner Bank, persönlich haften!

*Sh.: Welt Kompakt vom 6.1.2010,
„Commerz-Banker fordern höheres Gehalt"

Geist der Quelle

Es beängstigt das Gefälle,
Das kaum jemand spürt,
Und von einer sichren Quelle
Hin zum Abgrund führt.

Noch wird sie gespeist die Quelle,
Von dem Geist der Westerwelle,
Gibt es ihn nicht mehr,
Wird die Quelle leer.

Dekadenz

Macht man sich einen faulen Lenz
Auf Kosten anderer,
Sag ich dazu auch Dekadenz,
Was stört daran so sehr?

Ist es nicht gleichfalls dekadent,
Wenn man nur ängstlich schweigt,
Den Mißstand nicht beim Namen nennt,
Und nie ein Rückgrat zeigt?

Angelas Duktus

Sie hat keinen Kaktus,
Zuhause im Zimmer;
Dafür einen Duktus,
Den hütet sie immer.

Sie liebt ihren Duktus,
Denn er ist von Nutzen;
Der ist ihr Konstruktus,
Um sich rein zu putzen.

Vom Duktus begleitet,
Bei all dieser Hektik,
Glänzt sie, wenn sie streitet,
Durch die Dialektik.

Das Palaverment

Ich mag es nun schon nicht mehr hören,
Wie unsre Volksvertreter röhren,
Im Parlament, dem hohen Haus,
Da lassen sie die Sau gern raus.

Wie Hirsche, die um Plätze kämpfen,
Die Stimme wollen sie nicht dämpfen,
Um nach der Wahl, bringt sie was ein,
Im Parlament, Platzhirsch zu sein.

Doch meistens hört man sie dann schwätzen,
Sie ruhen aus auf ihren Plätzen;
Wer lang genug den Zustand kennt,
Sieht nur noch ein Palaverment.

Was für eine Nacht

Das war mal wieder eine Nacht,
Hab halb geschlafen, halb gewacht;
Ich dacht an dies, ich dacht an das,
So ging es ohne Unterlaß.

Ich dacht an das, ich dacht an dies,
Weil es mir keine Ruhe ließ;
Was kam am Ende dabei raus ?
Frühmorgens ging ich aus dem Haus;

Unausgeschlafen, wie ich war,
Wurd eines mir so langsam klar :
Das dies und das, das das und dies,
Was mich des Nachts nicht schlafen ließ,
Erschien im Dunkeln übergroß,
Bei Licht fast schon bedeutungslos.

Zwei Kopfpersonen

In seinem Kopf, da wohnen,
So scheint es, zwei Personen,
Die im Verhalten, stets konträr,
Ihm lassen keine Ruhe mehr.

Beginnend in der Frühe,
Vor sich des Tages Mühe,
Ruft eine hü, die andre hott,
Und wieder kommt er nicht zu Pott.

So geht es alle Tage,
Dies ist schon eine Plage,
Doch nicht nur dies, auch in der Nacht
Wird oft er um den Schlaf gebracht.

Erst heißt es, leg Dich nieder,
Ruh aus die müden Glieder,
Schlaf gut, ein angenehmer Ton,
Dann spricht die andere Person.

Vergiß nicht zu bedenken,
Dein Augenmerk zu lenken
Auf das, was Du vergessen hast,
Sonst wird es Dir zur schweren Last.

Da fängt er an zu grübeln,
Sucht Schutz vor all den Übeln,
Kommt nicht zum Schlaf und nicht zum Ziel,
Die zwei Personen wolln zu viel.

Die Wandlung

In einer schmerzvoll dunklen Nacht
Hab ich die Wandlung durchgemacht;
Die Wandlung, ganz in Kafkas Sinne,
Doch nicht zum Käfer, hin zur Spinne.

Wie sich die Arme, Beine wanden
Und nirgends einen Halt mehr fanden,
Lag ich als Spinne auf dem Rücken,
In Furcht, die Umkehr würd nicht glücken.

Der ihr bekannten Welt entfremdet,
Die sich von ihr hat abgewendet
Und sich verliert im falschen Schein,
Schlief ich am Morgen schließlich ein.

Laune der Natur

Unser Leben in der Zeit,
Was hält es für uns bereit,
Im Moment der Ewigkeit,
Lernen, Streben, Freud und Leid.

Letzten Endes warn wir nur
Spielball, Laune der Natur,
Die im Mensch die Krönung fand;
Liegt doch nun in seiner Hand

Die Zerstörung dieser Welt,
Ob sie aus den Angeln fällt,
Einen letzten Aufschrei sendet
Und ihr Sein im Nichts beendet.

Anhänglichkeit

Ich häng an euch; ihr hängt an mir;
Fragst Du mich, was ich meine,
Für diesen Fall, da sag ich's Dir,
Es sind die beiden Beine.

Sie trugen mich ein Leben lang,
Warn treu mir als Begleiter,
Und dafür sag ich ihnen Dank,
Mach ohne sie nicht weiter.

Heut ist heut

Wenn heute wäre morgen
Und morgen wäre heut,
Dann hätt ich statt der Sorgen
Schon jetzt ein wenig Freud.

Denn was ich heut muß machen,
Das wär bereits getan;
Ich hätt für schönre Sachen
Dann jetzt schon freie Bahn.

Doch heut ist heut,
So soll es sein,
Und mancher, der sich zu früh freut,
Bricht sich am nächsten Tag ein Bein.

Meinungsverschiedenheiten

Dieser Mensch, er ist begnadet,
Wahrlich, mir gefällt sein Werk;
Nein, der wurd zu heiß gebadet,
Es verdient kein Augenmerk.

Das sind zwei Betrachtungsweisen,
Hier nun einmal ganz konträr;
Ähnlich wie auch bei den Speisen,
Geht die Meinung hin und her.

Verschiedenes in Kurzfassung

Dumm gelaufen

Ist eine Sache schief gelaufen,
Ist das ein schöner Mist;
Doch weitaus schlimmer ist,
Wenn Du Dich ließt für dumm verkaufen,
Weil Du der Dumme bist.

Humor

Wenn Du Dir in die Hose machst,
Das kommt ja schon mal vor,
Dich nicht grämst, sondern trotzdem lachst,
Dann nennt man das Humor.

Einfall

Was fällt Ihnen heute ein ?
Fragte mich, vom Amt, Herr Klein;
Zuerst gibt's den Tritt für's Schwein,
Dann trink ich ein Gläschen Wein,
Denk an Sie und schlafe ein,
Träum dabei vom schönren Sein.

Triebleben

Sein Trieb, der war für ihn zu stark,
So wurd er niemals triebautark;
Statt dessen ständig aufgerieben,
Sein Leben lang von ihm getrieben.

Drumherumgerede

Red nicht um den heißen Brei,
Sag mir einfach frank und frei,
Was Du willst, was Sache ist,
Dann sag ich, woran Du bist.

Mein Kumlipub

Ich hab kein Publikum,
Doch scher ich mich nicht drum;
Stell nur zwei Silben um,
Was rauskommt, ist nicht dumm :
Ein Kumlipub, der hört mir zu,
Und läßt mir immer meine Ruh.

*Schnurz & Ziemlich**

Die Rechtsanwälte Schnurz und Ziemlich
Als Mitglied der Kammer, für die wenig rühmlich,
Erfuhrn dies, und ihre Antwort war kurz :
Bei unsrem Talent ist das ziemlich schnurz.

*Sh.: „Nur noch für Dich" Bd. I, Seite 39,
„Der Brief von Schnurz"

Betreff Schweine

Nehmt die Schweine an die Leine !
So geht' s auch : Macht ihnen Beine,
Damit schleunigst sie verschwinden,
Ihre Mitmenschen nicht schinden.

Brotlose Kunst

Das Brot wird teurer, das Bier wird teurer,
Und billiger werden die Bücher von Scheurer;
Steht man jedoch in seiner Gunst,
Erhält man sie gratis als brotlose Kunst.

Von Begriff

Er ist nicht sehr schnell von Begriff,
Vergleichbar etwa einem Schiff,
Das langsam nur gewinnt an Fahrt;
So müht er sich erst einmal hart,
Doch hat er's drauf, dann sitzt es fest,
So, wie das Schiff auf einem Riff,
Das nun das Schiff nicht von sich läßt.

Lachende Hühner

Er sucht es allen recht zu machen,
Glaubt an die heile Welt;
Da müssen selbst die Hühner lachen,
Wenn auf den Bauch er fällt.

Stadium der Reife

Such ich das Heil nicht in den Sternen,
In Kirchenräumen, in Kasernen,
Es als nicht existent begreife,
Bin ich im Stadium der Reife.

Luft anhalten

Wenn Dich nichts mehr erfreuen kann
Und alle Brünnlein fließen,
Dann halt die Luft zum atmen an,
Sonst mußt Du Dich erschießen.

Unsere Zeit

Unsere ganze Lebenszeit
Ist ein Moment der Ewigkeit;
Trotzdem wird jeder Tag im Leid
Zu einer endlos langen Zeit.

Kein ehrbarer Staat

Bist Du ehrbar stets gewandelt,
Wirst dann wie Dreck vom Staat behandelt,
Kann dieser selbst nicht ehrbar sein,
Und wieder einmal trügt der Schein.

Keine Wiedergutmachung

Wenn manches nicht so traurig wär,
Dann könnt man drüber lachen;
Besonders Richtern fällt es schwer,
Ihr Unrecht gut zu machen.

Alles gesagt

Was sagt mir dies, was sagt mir das,
Was sagt mir überhaupt noch was;
Was wichtig ist, das wurd gesagt,
Und ich hab alles hinterfragt.

Blüten

Es wurd des Frühlings Blütenpracht
Mit manchem Loblied schön bedacht;
Doch es gibt auch solche Blüten,
Vor denen man sich sollte hüten.

Da sind diejenigen vom Geld,
Sie schaden dem, der sie erhält;
Oder solche auch im Stil,
Auszumerzen bleibt das Ziel.

Blütenschönheit zeigt sich nur
In der herrlichen Natur,
Und als Abbildung von ihr
Kann sie werden auch zur Zier.

Der Schlauch unterm Bauch

Seit die Kleine sprechen kann,
Schaut sie alles genau an,
Und bei ihrem Wissensdrang
Gibt es für sie keinen Zwang.

Was ist dies und was ist das,
Fragt sie ohne Unterlaß;
Heute ging es wieder los,
Sah den Bruder ohne Hos'.

Fragte, was für'n kleiner Schlauch
Hängt da unter Deinem Bauch?
Damit laß ich Wasser raus,
Wenn es brennt in unsrem Haus.

Bei dem Papa hängt er auch
Unter seinem Bauch, der Schlauch;
Deshalb brauchen wir nicht mehr
Hier bei uns die Feuerwehr.

Eine Frage der Zeit

Die Freude im Leben, im Leben das Leid,
Sind nur eine Frage, die Frage der Zeit;
So ist das Leben ein Kommen und Gehn,
Wie schön, wenn Menschen einander verstehn.

Wenn zwischen ihnen Vertrauen entstand
Und einer dem andren reicht seine Hand;
Sie sich nicht verlieren in Habgier und Neid,
Das Leben ist nur eine Frage der Zeit.

Ein frommer Wunsch

Vergangenheit, sie war mein Leben,
Die Zukunft kann mir nichts mehr geben;
Da sollt ich schon zufrieden sein,
Wird sie nicht allzu groß, die Pein.

Seh täglich ich die vielen alten,
Gebrechlich wankenden Gestalten,
Gedanklich ihnen zugesellt,
Kehrn sie den Rücken bald der Welt,

Wünsch ich, sie mögen vor dem Scheiden,
Auf ihrem Weg, nicht zu sehr leiden;
Den Gang zum Jenseits hin nicht scheun
Und sich auf die Erlösung freun.

Spaziergang

Wie ein Esel, der vertrottelt,
Mühsam durch die Gegend zottelt,
Ging's die Wege heut entlang,
Den ihm so vertrauten Gang.

Plötzlich aber wurd der fremd,
Last, die sich entgegenstemmt,
Und er merkte, schon sehr bald,
Sagst Du Dir, das war es halt.

Kein neues Glück

Ein neues Glück
Schmink ich mir ab;
Das letzte Stück
Bemißt sich knapp.

Zu knapp, es ist dafür zu spät;
Ich glaub nicht mehr daran,
Weil ich, was immer ich auch tät,
Genug nicht geben kann.

Die letzte Frage

So richtig paßt' ich nie hinein
Ins Leben, hier im Erdensein;
Und doch vergingen viele Jahre
Vom Anbeginn bis hin zur Bahre.

Zumindest bleibt als Resümee,
Daß ich noch immer aufrecht steh;
Ich hab auch, das kann man wohl sagen,
Mich stets erfolgreich durchgeschlagen.

Die letzte Frage, die sich stellt,
Wie komme ich von dieser Welt?
Am besten ohne viel zu leiden,
Darüber muß ich noch entscheiden.

Das Meridian*

Im Meridian, den Damen
Vom Empfang, bin ich bekannt,
Und schon hör ich meinen Namen,
Tret ich ein ins Wellnessland.

Welche Freude, sie zu sehen,
Haben stets ein nettes Wort,
Wie sie lächelnd vor mir stehen,
Geh ich ungern von hier fort.

Freu mich auf das nächste Mal,
Vorher wird die Zeit mir lang;
Dieses Haus ist erste Wahl
Mit dem herzlichen Empfang.

* MeridianSpa in Hamburg-Eppendorf

Für Jasmin

Ich danke Dir für Dein Vertrauen,
Jasmin, Du ließt mich in Dich schauen;
In jungen Jahren, so viel Schmerz,
Hast ein so liebevolles Herz.

Mögst Du es immer Dir bewahren
Und selbst das größte Glück erfahren,
Durch einen, der von Dir geliebt,
Dir seine ganze Liebe gibt.

So läßt das Leben sich ertragen,
Gemeinsam, auch an dunklen Tagen;
Ihr werdet dann bei Sonnenschein
Ein Herz und eine Seele sein.

Eine jungfräuliche Blüte

Jasmin, die kleine Blüte, sitzt
Auf der Saunabank und schwitzt;
Ihr Handtuch fest an sich gepreßt,
Das keinen Blick zum Körper läßt.

Sie meint, daß sie als Nackedei
Dem Liebsten vorbehalten sei;
So bleibt sie eine reine Blüte,
Jungfräulich und von erster Güte.

Drei Grazien

Welche Freude, heut beim Saunen,
Durfte ich doch dort bestaunen,
Wunderschön und gertenschlank,
Drei Grazien auf einer Bank.

Faszinierend ihre Köpfe,
Was für herrliche Geschöpfe;
Weiter geh ich nicht drauf ein,
Das soll mein Geheimnis sein.

Für Frau Kaiser

Immer war es ein Gewinn,
Sah ich sie, die Leiterin
Vom Meridian, fürwahr,
Dieser Anblick wunderbar.

Freundlich lächelnd ihr Gesicht,
So als flammte auf ein Licht,
Gab sie herzlich mir die Ehr',
Das war viel, was will man mehr.

Sie wird Mutter, hörte ich,
Und für sie, da freu ich mich;
Wünsche ihr für alle Zeit
Glücklichsein, Zufriedenheit.

Sie geht fort; mir ist gewiß,
Daß auch ich sie sehr vermiß,
War sie doch, im schönsten Sinn,
Hier wie eine Kaiserin.

Der alte Wagen

Dem alten Wagen bleib ich treu,
Ich tausch ihn nicht ein gegen neu;
Er ist ein Teil von unsrem Leben,
Und das kann mir kein andrer geben.

Wann immer ich auch mit ihm fahr,
Denk ich daran, wie schön es war,
Als Du hier neben mir gesessen,
Ich möcht das einfach nicht vergessen.

Erst, wenn er seinen Geist gibt auf,
Mag's sein, daß ich den neuen kauf;
Doch hoffe ich, daß ich den alten,
Solang ich fahrn muß, kann erhalten.

Du bist so fern

Lieber Schatz, ich säh so gern
Heute Abend mit Dir fern;
Möchte Deinen Atem spüren
Und ganz zärtlich Dich berühren.

Lieber Schatz, genauso gerne
Säh ich mit Dir Mond und Sterne;
Möcht Hand in Hand am Fenster stehn,
Mit Dir in die Ferne sehn.

Lieber Schatz, Du bist so fern,
So fern, wie im All der Stern;
Wieviel Zeit muß noch vergehen,
Bis wir uns dort wiedersehen?

Vorm Spiegel

Wenn morgens ich vorm Spiegel steh
Und die gefönten Haare seh,
Dann fällt mir schweren Herzens ein,
Was Du oft sagtest, Caroline :

Gut liegen Deine Haare heut;
Der Satz, er hat mich stets erfreut.
Seit sie vergangen, unsre Zeit
Erfüllt er mich mit Traurigkeit.

Würdst Du jetzt sagen : Oh, wie kraus
Sehn heute Deine Haare aus;
Ich nähm Dich freudig in den Arm,
Noch einmal würd's ums Herz mir warm.

Du fehlst so sehr

Im vierten Jahr, im Monat März,
Nach Deinem Tod, der gleiche Schmerz;
Nicht anders wird es im April,
Da kann ich machen was ich will;

Noch schlimmer ist für mich der Mai,
Da war die Zweisamkeit vorbei;
Und so wird auch die weitre Zeit,
Du fehlst so sehr, vergehn im Leid.

Du lebst in mir

Es ist der schönste Lyrik-Band,
Mein Liebling, der für Dich entstand;
Ich nannte ihn „Du lebst in mir",
Denn in ihm bin ich eins mit Dir.

Wer immer in das Büchlein schaut,
Der sieht Dich, dem wirst Du vertraut;
So lebst Du wohl auch noch darin,
Wenn ich schon längst vergangen bin.

In tiefer Nacht

Daß ich Dich mal so vermisse,
Habe ich mir nicht gedacht;
Der Weg in das Ungewisse
Führte mich in tiefe Nacht.

Dort wart ich nun auf mein Ende,
Möchte aus dem Dunkel gehn,
Wünsch mir, daß ich Dich dann fände,
Wir uns bald schon wiedersehn.

Eine blütenleere Welt

Die Rosen blühn, die Heide blüht;
Erregen nicht mehr das Gemüt,
Seit der Todesengel kam
Und die Liebste mit sich nahm.

Zugleich war auch der Stern verglüht,
Das, was durch ihn im Herz erblüht;
Rosen, Heide, vieles mehr;
Meine Welt wurd blütenleer.

Dein treues Herz

Noch seh ich Dich, noch bist Du hier,
In meinem Herzen stets bei mir;
Ein Grund für mich, daß es noch schlägt,
Weil es Dich immer in sich trägt.

Es schlägt für Dich, ich seh darin,
Den letzten ihm verbliebnen Sinn;
Es bleibt für Dich, in tiefem Schmerz,
Solang es schlägt, Dein treues Herz.

 Erlebnisse im Hotel mit König Alfred und seinem Hanswurst unter Berücksichtigung der Zensur durch das Landgericht Hamburg. Der Kampf eines Bürgers gegen ein Unternehmen mit faschistoiden Verhaltensweisen. Band I–X
Band I: ISBN 978-3-8334-7985-4

 König Alfred und sein Hanswurst
Ein MALBUCH mit 66 heiteren Geschichten in Versform
ISBN: 978-3-8334-8037-9

 Sokrates läßt Deutschland grüßen – damit Freiheit atmen kann
ISBN 978-3-8334-7988-5

 Das große Kochbuch
Ein Menü für Juristen und verantwortungs-bewußte Staatsbürger
ISBN 978-3-8334-7987-8
Kurzfassung der Bände „Erlebnisse im Hotel I–VIII" in acht Kapiteln auf 526 Seiten mit den kompletten Vorworten und 327 Gedichten

 Mir reicht's – Deutschland ade
ISBN 978-3-8334-7986-1

Bürger wacht auf!
Zum Obrigkeitsstaat
ISBN 978-3-8370-2276-6

Daß Liebe unser Leben durchdringt ...
ISBN 978-3-8334-7977-9

Für Dich
ISBN 978-3-8334-7975-5

Nur noch für Dich – Eine Liebeserklärung, Band I–III
Band I: ISBN 978-3-8334-7976-2
Band II: ISBN 978-3-8334-8769-9
Band III: ISBN 978-3-8334-7406-4

Anfang und Ende – Gedichte für einen geliebten
Menschen
ISBN: 978-3-8334-8770-5

Für Dich – Eine Nachlese
ISBN: 978-3-8370-6224-3

Du lebst in mir.
Die Trauer eines vereinsamten Menschen
ISBN: 978-3-8391-9300-6

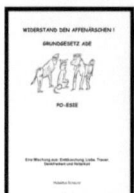
Widerstand den Affenärschen!
Grundgesetz ade
ISBN: 978-3-8391-5609-4